自閉症ガール
ひまわりさんの日常
― 彼女に見えている世界 ―

成沢真介／坂井聡

もくじ

まえがき　　　　　　　　　　　　　　　　　4

自閉症とは？　　　　　　　　　坂井 聡　6

先生から見た世界＆ひまわりさんから見た世界　9
スクールバスで学校へ！　　　　　　　　10
プリキュア大好き　　　　　　　　　　　17
伝えたい気持ちが言葉になる　　　　　　26
コミュニケーションってむずかしい！　　32
こだわり・感覚が襲う　　　　　　　　　38
水遊び　　　　　　　　　　　　　　　　46
お祭り　　　　　　　　　　　　　　　　52
プールで大はしゃぎ！　　　　　　　　　63
祭りのあと　　　　　　　　　　　　　　72

コラム
自分の"ものさし"だけでわかったつもりにならないこと
　　　　　　　　　　　　　　　成沢真介　78

自閉症 Q&A　　　　　　　　　　83
　Q.1 自閉症の行動特徴　　　　　　84
　Q.2 気をつけないといけないこと　86
　Q.3 パニックになったとき　　　　87
　Q.4 接し方のアドバイス　　　　　88
　Q.5 都道府県の機関・団体　　　　89
　Q.6 向いている仕事　　　　　　　90
　Q.7 病気？　　　　　　　　　　　91
　Q.8 薬で治る？　　　　　　　　　93
　Q.9 コミュニケーションの場　　　94

コラム
　自閉症のある人とやりとりするために
　　　　　　　　　　　　坂井 聡　96

あとがき　　　　　　　　　　100

著者紹介　　　　　　　　　　103

まえがき

　この本は、自閉症のある子どもたちをわかってもらいたいという願いからできたものです。
　楽しいこと、うれしいこと、つらいこと……様々な場面を懸命に生き、個性豊かに表現する子どもたちと接してきましたが、いまだにわからないことはたくさんあります。その中で本人が「こうしてほしい」ということを適切に伝えられないことによる不利益を、目の当たりにしてきました。また、日々接している教職員や親などに、子どもの気持ちを代弁できない自らの勇気のなさも痛感しています。
　私は、本人ではないけれど、「この子は今、こんな気持ちなんじゃないか」、「こういう理由で、こうしてほしいんじゃないか」ということを考えることが大切だと思ってきました。
　この本に出てくる主人公は、これまでたくさんのことを教えてくれた子どもたちのエピソードに修正を加えた物語上の女の子です。
　ギラギラ光る太陽に向かってまっすぐにのびるひまわり、セミの声、かき氷……生命が躍動する夏真っ盛り、"ジヘーショー"の女の子が行く。彼女の名前は「夏野ひまわり」。特別支援学校で生き生きと学習する子どもたちの一人です。
　ひまわりには自閉症がありますが、本人としてはそんなことは関係なく、「私はひまわり、夏野ひまわり」なのです。
　本文中のひまわりの視点から見た世界は、筆者が「そうであろう」と考えた世界です。外から見た本人と、本人そのものは違い、本当のひまわりの世界は誰にもわかりません。特性理解という視点から補い、難しい部分をわかりやすく解説してくださった香川

大学の坂井聡先生に心から感謝いたします。

　障害者差別解消法[※]により社会的な障壁を取り除くための合理的配慮が義務づけられました。自閉症があろうとなかろうと、一人ひとりみんな違います。違いを尊重し合い、優れた合理的配慮によって、弱い立場の人ほど暮らしやすい社会になることを願わずにはいられません。

　この本を手にとってくださった方々が、自閉症を理解するきっかけになれば幸いです。

成沢　真介

※「障害を理由とする差別の解消の推進に関する法律」平成25年6月制定、平成28年4月1日施行

自閉症（ASD:Autistic Spectrum Disorder）とは？

　アメリカ精神医学会の診断統計マニュアルであるDSM-5や世界保健機関が作成している国際疾病分類であるICD-10等がいろいろな概念を出しているので、発達障害に詳しくない人たちは、自閉症について、どのような障害なのかがわからなくなってしまうことが考えられます。少なくともこのように考えれば、関わり方を誤ることがないというシンプルな枠組みを知っておくことが大切です。（DSM-5の日本語版『DSM-5 精神疾患の診断・統計マニュアル』では、自閉症はアスペルガー症候群なども含めて、「自閉スペクトラム症」という名称になりましたが、本書では、読者の聞き慣れている「自閉症」という呼称を用いています。）

　自閉症の概念で一番シンプルな枠組みは、「社会性」の発達的な偏り、「コミュニケーション」の発達的な偏り、「イマジネーション」の発達的な偏りがあるという定義です。とりあえず、このことをしっかり押さえておけば、関わるときに困らないのです。よく、「この子は自閉症なのでしょうか、それともアスペルガー症候群なのでしょうか、広汎性発達障害という言葉も聞きますが」などと質問を受けることがあります。しかし、このようなことを区別しても意味がないということを知っておかなければなりません。なぜならば、いずれの場合も基本的な関わり方や支援の方法は同じだからです。それぞれで、関わり方を変える必要がある場合には区別することに意味はあると思いますが、基本的な関わり方や支援の方法は変える必要はないので、区別する必要もないということです。

　では、その特徴がどのように現れるのかを見ていきたいと思います。

まず、「社会性」の発達的な偏りについてです。最もわかりやすいのは、人への関心があまりないということです。むしろ、物に関心を示すことが多いことです。物を並べたり、特定のものを集めたりすることはしても、弟や妹と遊ばない、お母さんとも遊ばないということなどです。こだわりの行動も見られます。変化に対する抵抗が強いということです。学校などでは、時間割が変わったり、予定が変更になったりすることへの抵抗が強いこともあります。

　また、幼児期には指差しに特徴がみられる場合も多くあります。「あれがいる」、「あれを取って」などの欲しい物を手に入れたいときに用いる指差しには、遅れが見られないことも多いです。しかし、「あそこに犬がいるよ」、「見て！　あそこ、飛行機が飛んでいるよ」などの自分が見ている物を人と共有するために用いる指差しは遅れることが多く、また、人から指差された先にある物を見るという行為も、苦手であることが多いようです。これらは２つとも、共同注視の指差しといわれているものです。この指差しの遅れが、「社会性」の発達の偏りを示す大きな特徴だといえると思います。

　次に「コミュニケーション」についてです。言葉に遅れがみられることが、特徴としてわかりやすいのですが、知的な遅れを伴わない場合には言葉そのものに遅れがみられない場合もあります。とはいっても、言葉をコミュニケーションの手段として使用することには偏りがみられます。独り言が多い、エコラリア（オウム返し）が多いといった特徴がみられます。エコラリアは、言われていることがわからないときにすることが多いようです。また、「ここ」と「そこ」、「上」と「下」など、使い方によって視点が変わる場合に混乱することがあります。これらのことが一般的にできるようになるのは５歳から６歳くらいですが、自閉症のある人はそれが遅れてしまうのです。

最後に「イマジネーション」の発達的な偏りについてです。最も特徴が表れるのは、「ふり遊び」や「ごっこ遊び」が遅れるというものです。一般的には１歳半ごろになると簡単な「ふり遊び」ができるようになります。しかし、それが遅れてしまうのです。例えば、何ものっていないお皿に何かあるように見立てて食べるふりをしたり、ままごとなどの「ごっこ遊び」をしたりすることも苦手としています。それらができるようになるには少し時間が必要になります。

　このような特徴が自閉症にはあるのです。苦手なことはいずれも対人関係に必要なものであり、周囲の人と関わるときに苦手なことが顕在化するので、苦労することが多いと考えられます。

先生から見た世界
＆
ひまわりさんから見た世界

同じ出来事も、先生と自閉症のひまわりさんとでは、どのように違って見えているのでしょうか？

スクールバスで学校へ！

　ここは特別支援学校。スクールバスで自閉症の夏野さんが登校してきます。

　8月生まれの夏野さんの名前はひまわり。今、小学部4年生です。ご両親の願いが詰まった素敵な名前です。バスから降りてくる夏野さんに私はあいさつをしました。

「おはようございます」

　夏野さんは何も言わずにピョンピョン飛び跳ねています。今度は、夏野さんの肩に手を当て、顔をしっかりと見て言いました。

「おはようございます」

「おはようございます」

　目は合いませんが、同じように答えてくれました。

　あいさつの後、急に走り出してプランターの花を引っこ抜いてしまいました。茎を持って頭をたたき、頭は土だらけです。

（あーあ）

　今度はしゃがみこんで土を触りはじめます。花を見ると抜いたり、土いじりにはまり込んでそこから抜け出せなくなったりすることがよくあるのです。

　しばらく待っても、なかなか立ち上がろうとしません。

「きょうしつ」

そう言いながら教室の方を指差しましたが、土いじりに夢中です。
「きょうしつ」
　もう一度、指差しをしながら言いました。今度はジッと見ています。チャンスと思い、夏野さんの手を取って立ち上がらせようとした、そのときです。
「ウワーン！」
　私の手をはらいのけ、寝転んでしまいました。
「ウワーン！ウワーン！ウワーン！」
（しまった！）
　そう思いましたが、後の祭りです。夏野さんは手足をバタバタさせながら泣き叫んでしまいました。こうなってはもうお手上げです。みんなは教室に入り、夏野さんだけが芝生の上に寝転んで泣いています。
　心配そうに見守る校長先生。
　私はあきらめて、動くまで待つことにしました。
　それから２０分ほどたった頃、夏野さんは何事もなかったかのように、自分からスッと立って歩き出しました。心の中で何かの切り替えができたのか、そうではないのか、私にはわかりませんでした。

ひまわりからすると…

　わたしは夏野ひまわり。夏って大好き。かき氷、スイカ、お祭り、プール、楽しいことがいっぱいだ。
　みんなはわたしのことをジヘーショーって言う。ジヘーショーって何？　ワタシって何？　コトバって何？　そんなもの、どこにもないじゃない。だって目に見えないもの。わたしにとって見えないものはないのと同じ。でもスイカ、ひまわり、プールは見えるからわかりやすい。話し言葉は、ないものばかりだ。だから、見えるようにつたえてくれないとわからない。
　バスの中ではシートベルトをしめることになっているので、しめつけられている感じが心地よかった。バスが止まってベルトを外されると、学校についたんだとわかる。
　体がフワフワする感じのままバスからおりた。
「￥∬§〆\¢▽全£」
　とびはねていると何かの音が聞こえた。わたしのかたがおされて、見ると先生の顔があった。目がこわいので見ないようにした。
「￥∬§〆\¢▽全£」
　わからないことを先生が言うので、同じことをくり返すしかなかった。

「¥∫∫§〆\¢▽全£」
　何を言われているのかわからないから、どうすればいいのかわからない。
　教室に行こうとすると、お花がさいているプランターが目に入った。平たい土の上に生えている花や草を見ると気になって引っこぬきたくなる。しゃがんで土をさわると、手の中からサラサラと土が落ちる感じがたまらない。
　どこかで先生の声がした。
「きょうしつ」
　そうだ、教室、あの四角い部屋に行かなくちゃ。
「きょうしつ」
　先生の顔が見えた。指さすあっちの方向に教室があるのはわかっている。でも土がわたしをとらえてはなさない。行きたくても行けない。
　そのときだった、土をさわっているわたしの手が大きな力で持ち上げられ、土と引きはなされた。わたしの中の何かがはじけた。
「ウワーン！」
　何がなんだかわからなくなっていた。
「ウワーン！ ウワーン！ ウワーン！」
　やみの中で自分の声だけがひびいていた。
　どのくらい真っ暗な中をさまよったのだろう？ 急に目の前がパッと明るくなった。するとスッと力がぬけて立ち上がることができた。今度は、土には

よばれなかった。
（四角い教室にいかなくちゃ）
　わたしは教室でスケジュールを見るために歩き出した。わたしはひまわり、夏野ひまわり。

専門家から

　自閉症のある人は視覚的な情報理解は得意ですが、聴覚から入った情報を処理して理解することが苦手であることがわかっています。ここでは、バスから降りて先生からかけられたことばの意味が理解できなかったということです。ここで「おはよう」の声掛けに「おはよう」と返したのは、理解できないときによくみられる「エコラリア（オウム返し）」かもしれません。自閉症のある人は、言われたことばをそのまま返すことがありますが、伝えられたことがわからない場合に返すことが多いようです。「きょうしつ」ということばは、繰り返し聞くことばで、視覚的にもイメージしやすいので理解できたのだと思われます。

　シートベルトの感覚は、締め付けられる感覚が好きなのだと思います。締め付けられる感覚が好きな自閉症のある人は多いようです。

「教室」に行こうとしたのに花壇が気になったのは、シングルフォーカス（一度に一つのことしかできないこと）によるものです。視覚的に入ってきた「花壇」という情報が、「教室に行く」という情報に上書きされてしまったためです。シングルフォーカスですから、泣いた後、「あっ教室」となったので、今までのことがなかったかのように移動することができたということなのです。

プリキュア大好き

　学校では「何があるのかわかるように」と、カードを並べた夏野さんのためのスケジュールがあります。それを見て何があるのかをたしかめるのです。
　夏野さんは学校にくると、とても楽しみにしていることがあります。プリキュアのテーマ曲に合わせて踊るのです。そのことを先週知ったので、今週からスケジュールの中にお楽しみとして入れてみました。
　教室に着くと一番にスケジュールをジッと見ます。そして、一番上にあるカードを取ってカバンを置き、着がえをします。最初の頃は「かばん」と「きがえ」は別々のカードだったのですが、かばんをおいて、そのまま着がえもできそうだったので「かばん・きがえ」を一枚のカードにしたのです。
　着がえを終えると、再びスケジュールを見にいきます。「おちゃくみ」のカードを取り、ペットボトルを持って歩いていくのですが、お茶を入れる湯わかし場までは少し歩かなければなりません。私は離れて様子を見ていました。
　湯わかし場には小学部、中学部、高等部のみんながやって来ます。夏野さんがお茶を入れようと蛇口のところに行くと、並んでいた高等部の生徒が言いました。
「並ばないといけません。順番です。」
　言うことを聞かずに蛇口に手をかけようとすると、その生

徒は夏野さんの手を持って列の中に並ばせました。
「ここで待つの、良い？」
　その様子を見ていた私は、パニックになるんじゃないかとヒヤヒヤしていましたが、その生徒に連れられるまま列の最後尾に並びました。私は夏野さんに近づいて言いました。
「じゅんばん」
　いよいよお茶をくむ番になりました。ペットボトルにお茶を入れていると、「ああ、暑い暑い」と言いながら高等部の先生が入ってきました。そして、閉まっていた窓を開けました。
　それを見ていた夏野さんは、お茶を入れる手を止め、ペットボトルを置いて窓を閉めに行きます。
「暑いから開けておいてよ」
　再び窓を開けると、夏野さんはまた閉めます。その先生は困って私の方に（どうすればいい？）という顔を向けました。
「とりあえず閉めておいてください」
　と私は言いました。このやりとりが続いて、中学部や高等部の生徒の中に「先生の言うことを聞かないのは許せない」という生徒が出てくるとややこしくなると思ったのです。
　夏野さんは安心してお茶を入れ、湯わかし場から出て行きました。それを確認してから高等部の先生は窓を開けました。
　教室に戻り、ペットボトルを決まった場所に置くとスケジュールを見に行き、そして言います。
「プリキュア」
　やっとお楽しみのプリキュアです。夏野さんは引き出しか

らおもちゃのマイクを取り出してスタンバイOKです。
「お、おねがい」
　夏野さんがそう言うと、私はプリキュアの絵が描かれたCDをセットしてスイッチを押しました。大好きな曲がかかると夏野さんは、うれしそうにマイクを持って踊りはじめます。ぎこちないながらも、足を上げ、手を振りながらプリキュアになりきっています。どこかでプリキュアショーを見たとお母さんが言っていました。それからDVDで何度も見ているとのことです。
　汗をかきながら笑顔で踊りきると、マイクを引き出しにしまい、CDカセットも片付けてくれました。そして次のスケジュールを見に行きました。
「プリキュア好きだね～」
　私は思わずそう言いました。

ひまわりからすると…

　教室につくと、すぐにスケジュールを見る。
(あった!)
今日も「プリキュア」のカードがある。よーし、がんばるぞ!
　わたしはいそいそとかばんをおき、着がえをした。前は、「かばん」と「きがえ」がべつべつのカードだったから、着がえの前にスケジュールを見に行っていた。でもかばんをおいたら次は着がえだっていうことが当たり前になったら「かばん・きがえ」という1まいのカードになった。
　着がえの後、ぬいだ服やスカートをきれいにたたんでカゴに入れた。
　スケジュールを見に行く。「お茶くみ」だ。いつもおいてある空のペットボトルを持って歩き出す。少し遠いけど、大じょうぶ。これが終われば「プリキュア」なんだ!
　お茶くみをする場所に着くと、たくさんの人がいた。わたしはお茶くみをしに来たので、お茶を入れるところに行った。
「£全▽§〆\K.K.△$⊆■、じゅん∀∬°C¢」
　だれかの声がしたが、意味はわからないし、だれに言っているのかもわからなかった。わたしはじゃ

口に手をのばしてお茶を入れようとした。そのときだ、わたしは手を引っぱられてじゃ口のところからはなされた。
(もう、何するの!)
　見ると、だれだか知らないお兄ちゃんだった。その人はわたしの手をやさしく引いて、みんなの所につれていった。
「ここ⊆待つ∀、⊆⊆」
　見ていると、べつの人がお茶くみをしている。その人が終わると、次の人がくむ。ここで待たなくちゃいけないってことなのかな？　仕方ない、がまんしようかな。
　先生が来て言った。
「じゅんばん」
　次つぎに人がかわり、わたしの後ろにはたくさんの人がならんでいる。
(そうか、これが「じゅんばん」っていうことなんだ)
　とうとうわたしの番になった。これでやっとお茶がくめる。
　じゃ口をひねってお茶を入れていると、だれかがやかましく入ってきた。
「∫∫∫∫、暑い、暑い」
　そう言いながらまどを開けた。
(もう、何するの!)
　しめてあるまどを開けるなんて、とんでもないこ

とだ。
(気持ち悪いからかえないで！)
　わたしはペットボトルをおいてまどをしめに行った。
「あつい■£℃¢$£§〆」
　その人は、またまどを開ける。
(ゆるせない！)
　わたしは、かみつく前にもう一度まどを開けた。
(次に開けたらかみついてやるからね！)
「∀∬∞全あけ%$£℃¢¢￥∬」
　今度はまどを開けることはなかった。
(よかった！)
　ホッとしてペットボトルにお茶を注いだ。
　いよいよ「プリキュア」だ！ わたしはいそいそとマイクを取りに行った。金色のマイクを持って用意はできた。
「お、おねがい」
　そう言うことになっているので言うと、先生が曲をかけてくれる。
(ヤッホー！)
　わたしはプリキュアだ。カッコいいあのプリキュアなんだ！ えがおにしなくちゃ。こんな感じかな？ 踊りはこう？ いろいろな動きをするのはむずかしい。でもプリキュアなんだから！
(たのしい！)

むずかしいけどこんな顔でよいのかな？　楽しいときの顔がえがおなのかな？　気持ちと顔のひょうじょうを結びつけるのはむずかしい。でもプリキュア大好き！
　曲が終わると、わたしはあせをかいていた。
（楽しかった！）
　すごくまん足したから何でもできそう。まずはマイクをかたづけなくちゃ。ＣＤデッキもね。先生、わたし何でもしてあげるよ！

専門家から

　お茶くみの場面です。お茶をくみに来たのですが、並ばないといけないということはわかっていないようです。人が並んでいたら順番を待つという暗黙の了解が理解できていないということです。ただ、順番は視覚的にわかりやすいので、その後並ぶことができました。

　窓を開けた場面では、いつもは閉じられているものが開けられてしまったので怒ったのです。いつも同じようになっていないと不安になることがあります。この場面は、先生が「閉めたままでお願いします」と言ったのは正解です。「暑いときは窓を開けて涼しく」「寒いときは窓を閉めて暖かく」ということを理解するには、まだ時間がかかりそうです。このとき、かんしゃくを起こすことはいけないことだと考えて、あえて窓を開けた状態にして、我慢させるという方法ではなく、パニックにならないように支援して指導することが大切です。我慢を教えるのではないのです。

　プリキュアはコミュニケーション指導に生かされています。歌いたい気持ちが強ければ、「お願い」ということばの使い方も学びやすいのではないかと思います。また、曲の場合は終わりがわかりやすいので、納得して次の活動に移れたのだと思います。

伝えたい気持ちが言葉になる

　朝の会が終わって、朝の運動になりました、運動場で体そうをした後、決められた時間だけトラックの白い線に沿って行ったり来たりします。夏野さんと私は並んで歩いていました。すると私を見てこう言ったのです。
「プリキュア好きだね」
　二語文が出たのは初めてなので、私は驚いてくり返しました。
「プリキュア、好きだねえ」
　うれしくて何度も言ってしまいます。
「プリキュア、好きなんだよねえ」
(「好きだね」なんて言葉、どこでおぼえたんだろう？)
　そこで私はハッとしました。
(踊ったあと、私が言った言葉かな？)
(そうだ、そうに違いない！　何も考えずに言った言葉だったけど、彼女にとっては心に入る言葉だったんだ！)
　私は一人で勝手に夏野さんの気持ちがわかったような気分になりました。
　一緒に活動することや同じ場面を共有することの大切さを改めて感じ、ゆっくりと二人で一緒に歩ける幸せをかみしめていました。
「プリキュア、好きだね」

また夏野さんが私を見て言います。こちらから目を合わせるのは嫌がるのに、今はジッと私の顔をのぞき込むように見ています。その言葉がうれしくて返事をせずにはいられません。
「プリキュアねえ、好きだよね」
「ひまわりちゃん、プリキュア、大好きだもんね」
「プリキュア好きだね」
　夏野さんと私は、このやりとりを何度もくり返しながら歩いていきました。

ひまわりからすると…

　「あさのうんどう」は外で歩くことになっている。赤白ぼうを持ってわたしは運動場に出て体そうをした。ミッキーの曲がかわいくて好きだけど、体そうはむずかしくてイヤ。
　プリキュアのおどり、もっとしたいな。どうすればもっとプリキュアの曲でおどらせてくれるんだろう？　わたしにはつたえたいことはあるけど、つたえ方がわからない。
（うーん）
　あのとき、先生はたしか「プリキュア好きだね」と言っていた。よし、これを使っておねがいしてみよう。
　先生と歩きながらおねがいしてみた。
「プリキュア好きだね」
　すると先生は言った。
「プリキュア、好きだね￥」
（わかってくれたみたい。もっとおどらせてくれるのかな？）
　先生はまた言った。
「プリキュア、好き＄∬だ°Cね￥」
（ん？　何だか言い方がちがうみたい）
　先生の言葉がかわるのでよくわからなくなり、わ

たしはだまって歩いた。
(プリキュアもっとおどりたい!)
　わたしはもう一度、先生におねがいしてみることにした。
「プリキュア好きだね」
「プリキュア好きだ°Cね」
「ひまわり%＄仝、プリキュア∀好き〓∇K.K.ね」
　だんだんわからなくなってきて不安になった。
(先生、私の気持ち、わかってるの?)
「プリキュア好きだね」
　私は何度も同じことをおねがいした。その度に先生は同じようなことを言った。
(これだけ言ったんだからプリキュアのおどり、教室にもどったらやらせてくれるに決まってるよね!)

専門家から

　「プリキュア好きだねー」と繰り返す場面です。これは自分の気持ちを表現しているのではありません。「えー、そんなわけないでしょう」と思われるかもしれませんが、自閉症のある人がどのようにことばを使っているのか、冷静に評価することはとても重要なことです。

　この場合どのように考えればよいのでしょうか。ひまわりさんはプリキュアの歌を歌い終わると、先生から「プリキュア好きだねー」と言われていました。でも、ひまわりさんが使うこのことばには、先生が使っているものとは別の意味があると考えられるのです。このようなことばの使い方は「遅延性のエコラリア（オウム返し）」といいます。以前に聞いたことがあることばを、同じような状況になったときに繰り返すというものです。この場合、先生が同じように「プリキュア好きだねー」と返しても、次のステップには進めません。なぜなら、お互いに意味のないやりとりを繰り返しているだけだからです。

　ではどうすればよいのでしょうか。この状況で適切なことばを使うことができるように、伝える練習をすることが大切です。この場合は、「プリキュア歌わせてください」になるのだと考えられます。子どもが伝えたい内容をこちらが想像して、望みがかなうように、ことばを使う練習をするのです。

コミュニケーションってむずかしい！

　朝の運動が終わり教室に戻ると、夏野さんは赤白帽も取らずにスケジュールを見ています。いつもなら、まず赤白帽をカゴの中に入れてからスケジュールの確認に行くのですが、今日は違っています。
（おかしいな）
　何となく感じた違和感でしたが、その直後に爆発は起きました。
「ウワーン！」
　そう言ったかと思うと、両手で頭を何度もたたきます。そして寝転がり、手足をバタバタさせて泣き叫びだしました。周囲にある椅子や机などをよけて、けがをしないようにするのが精一杯です。
「ウワーン！ ウワーン！ ウワーン！」
　その激しいこと！ 私の頭の中には「？」マークが幾つも並び、頭の中が真っ白になっていきます。
（どうして？）
　原因のわかるパニックは今後の対策の立てようがありますが、原因不明のパニックは対処のしようがありません。
「ウワーン！ ウワーン！ ウワーン！」
（フラッシュバックかな？ 原因がわからないんだからそうとしか考えられない）

自分のことは棚に上げて、説明のつかないことは全てフラッシュバックのせいにしていました。
（わからない。お手上げだ！）
　最初から「わかる」などと思い上がっていること自体が問題だったのかもしれません。本人でもないのに「わかる」ことなどできるはずがないのです。
　夏野さんは、起き上がって机や椅子を蹴り倒しました。机を蹴ろうとしたときに私が止めると、手首にかみつきました。
「イテテテテテ！」
　思わず私も叫んでしまいました。夏野さんはすぐに離してくれました。ヒリヒリする手首の痛さをかみしめながら思いました。
（これにはきっと原因がある）
　それだけが確かな思いでした。でもその原因が何なのか、まるっきりわかりませんでした。
　夏野さんは再び寝転んで泣き叫んでいましたが、そのうち指を吸いながら眠ってしまいました。

ひまわりからすると…

　（あれだけおねがいしたんだから、今日のスケジュールに「プリキュア」の活動を入れてくれるはずだ）
　そう思って、私は急いで教室にもどった。いつもなら赤白ぼうをカゴに入れてからスケジュールを見るんだけど、今日はプリキュアが気になってどうしようもない。スケジュールを見たが、どこにも「プリキュア」はなかった。
（ない！）
　頭が真っ白になった。何がなんだかわからなくなり、気がつくとねころんでないていた。
（あれほどたのんだのに！）
　いかりがこみ上げてきて、イライラを何かにぶつけずにはいられなかった。近くにあったいすを思い切りけりたおした。まだおさまらないので、となりのつくえをけろうとしたら止められた。イライラがつのり、そこにあった手をかんだ。
「▽ＫＫＫＫＫＫＫＫＫ！」
　先生が何か言っている。いけないと思ってはなしてあげた。
（もう、何なの！）
　やり場のないいかり、通じないもどかしさ、いろんな思いがいっぺんにおしよせてきて、わたしはは

きそうになった。ねころがってなきさけぶしかなかった。これがせいいっぱいの表げん方ほうだった。苦しい、助けて、いやだ、そんな思いをつたえるすべがないわたしにはこれしかできなかった。

　なぐさめてくれる人はだれもいない。わたしはなくのをやめて指をすった。ほんの少しだけ落ちつく気がした。どこか遠くにやさしいお母さんがいるような気分になった。

　わたしはいつの間にかねむりに落ちていった。

専門家から

　先の場面でひまわりさんは「プリキュア好きだねー」と何度も言って朝の運動から教室に帰りました。このときの彼女の言葉には「プリキュア歌わせてください」という意味が込められていました。そのときの先生の反応は、同じ言葉を繰り返していたのですから、「プリキュア歌ってもいいですよ」と伝わっていたと考えられます。

　しかし、教室のスケジュールにはそれが入っていなかったのです。「何度も何度も伝えていたのに、そして先生はOKと言っていたのに、うそつきー」という感じでしょうか。その結果、大きなかんしゃくにつながってしまったのです。では、先生はスケジュールに「プリキュアの歌」を入れることができたでしょうか。それは、どう考えても無理でしょう。なぜならば、ひまわりさんの言葉は伝わっていなかったからです。その結果、イライラしたひまわりさんは、先生の手をかんでしまったのです。「どうして歌えないのよ」と言いたかったということです。

　自分の思いが伝わらないというのはとてもつらいことです。ここで大切なことは、何が言いたかったのかを想像することです。イマジネーション能力をフル活用して、子どもが言いたかったことは何かを想像することです。

こだわり・感覚が襲う

　夏野さんはスライムや柔らかいゴム製品などを触るのが大好きです。そして最後はバラバラにちぎってしまいます。

　また、細長い物やヒラヒラした物を目の横で見るのが好きです。私たちは、何かがパッと飛んできたら周辺視で捉え、中心視で見ようと顔をそちらに向けますが、夏野さんは周辺視で物を見ているのかもしれません。

　不要になった紙をシュレッダーにかける作業をしていると、中の細かく裁断された紙を何本か取り出して目の横に置き、吸い込まれるように見ています。

　ペットボトルのラベルをはがす作業の時も、はがしたラベルを目の横でヒラヒラさせながら見ています。そして、ラベルを歯でかみ切り、かみ切った物をさらにかみ切り、細かくしてからゴミ箱に捨てます。

（あんなに何度もかみ切っていたら歯が悪くなるだろうな）

　そう思った私は、はがしたラベルを受け取り、ハサミで細かく切りました。それを見た夏野さんは、ラベルをはがすと私に渡すようになりました。夏野さんの代わりに目の前で細かく切ります。

　次にカゴを用意して、その中にハサミを置きました。カゴの中にラベルがたまると、少し離れた所で私はラベルを切りました。切ったラベルを夏野さんに見せて別室のゴミ箱に捨

てます。
　ハサミが置かれたカゴにラベルを入れる夏野さん。それを持って次第に離れた場所で切る私。そんなことをくり返しているうちに、切らずに教室から出ても夏野さんは大丈夫になりました。カゴの中にラベルをちぎらずに入れることができるようになったのです。
（よかった。でも、これって解決したことにはならないな）
　そう思いながら、小手先の対応方法ばかりに追われる私でした。
　お散歩に出たときにも、あじさいの花を枝からちぎり取って目の横で見てうっとりしていました。
　あるとき、学校で金魚を飼うことになりました。廊下に置かれた水槽には、赤や白のかわいい金魚が三匹、泳いでいました。
　その様子をジッと見ていた夏野さんですが、突然、水の中に手を入れて金魚をつかもうとします。
「ダメだよ、やさしくしてね」
　そんな私の言葉にはおかまいなしに金魚をつかまえようとする夏野さん。
（こりゃダメだ）
　そう思い、手を水から引き出して、背中を押しながら強引に教室に連れて帰りました。
（あの水槽は、明日には撤去しよう）
　そう思いながら、次の授業の準備をしているときです。

（あれっ？　夏野さんがいない！）
　廊下を探すと、水槽の前にいます。
（やっぱり！）
　急いで行ってみると、そこには金魚が二匹しかいません。見ると、エラがむしられた赤い金魚が水槽の横でぐったりしていました。
「あーあ、かわいそうに。やさしくしてよ」
　夏野さんは、私の口調から雰囲気を察したのか、静かに教室に戻りました。その後、ほかの先生にお願いして、すぐに水槽を撤去してもらいました。

ひまわりからすると…

　わたしはグニャグニャしたものが大好きだ。表面の感しょくがたまらない。好きというよりも取りこまれてしまう。好きすぎてバラバラにしてしまうの。
　目の横でヒラヒラするのが好きだし、正面よりも目の横で見る方が好き。正面はこわくて見ることができない。
　シュレッダーの勉強は、わかりやすいし、わたしにできるから好き。でもヒラヒラになった紙に心が動いてしまう。つい中から取り出してヒラヒラしたくなる。その中にわたしの心がすいこまれていくのがたまらない。
　ペットボトルのラベルはがしも同じ。ラベルをヒラヒラしたくなるし、バラバラにもしたくなる。だから歯でかんで切ってやるの。
　あるとき、先生がハサミを見せて手を出している。仕方なく私ははがしたラベルをわたした。すると、ハサミで小さく切りきざんだ。
（先生が小さくしてくれるの？）
　ハサミがおいてあるカゴを指さすので、そこにラベルを入れた。すると同じように切ってくれた。
（わかったわ、わたしがはがしたラベルは先生が小さくするのね）

わたしは次つぎにラベルをはがしてカゴに入れ、小さく切るのは先生にまかせた。
　わたしの横からカゴを持っていって教室のはしの方で切っていたが、そのうち見えなくなった。わたしは同じようにカゴにラベルを入れることだけにせんねんした。だって切るのは先生がやってくれるから。
　外をみんなで歩いていると、道のわきに大きなお花がさいていた。つい手が出てしまった。お花をヒラヒラするとうっとりしてしまう。そしてすいこまれてぬけ出せなくなるの。
　あるとき、金魚が来た！水の中をスイスイ泳ぐ金魚はステキ！
（がまんできない！）
　気がつくとわたしの手は水の中で金魚を追いかけている。
「ダメ〓、全▽％＄￥⊆§」
　手は止まらない。まるでわたしの手じゃないみたい。
（どうしよう）
　そのとき、先生の手がわたしの手をつかんだ。そして、せなかをおされながら教室に向かった。
（やっぱりがまんできない！）
　教室をとび出すと、まっしぐらに金魚に向かった。水の中をかき回すうちに金魚をつかまえることがで

きた。
(この感しょく、たまらない!)
　金魚を横目で見ながらわたしはうっとりしていた。エラの部分が気になりはがしてしまった。
「§－§、⊆¥%¥%。⊆$全£■▽⊆」
　先生が何か言っている。おこっているのかな?悪いことしたのかな?
　わたしの大すきなものは、わたしをしばりつづけた。

専門家から

　自閉症のある人の多くは独特の感覚を持っています。ヒラヒラしている物や、キラキラしている物が好きな人も多くいます。この好きな感覚がトラブルを引き起こすこともあります。

　ひまわりさんの場合もヒラヒラしたり、キラキラしたりしている物が好きなようです。そして、細かく小さい方が感覚的には好きなのでしょう。このような理由から、ペットボトルのラベルも細かくしていたのだろうと思われます。ところが先生が細かく切ってくれるようになったので、切るのは先生に任せて、ラベルだけをはがすようになったのです。

　お花も同様に、細かくしてヒラヒラする感覚が好きなのだと思います。しかし、これは自閉症のある人だけの特徴ではありません。桜の花が散るのを見るのは誰でもきれいだと感じるのと同じようなことだと思います。ただ、それを人工的に作ってしまうのでトラブルになるのです。

　そこにやってきたのが金魚だったのです。金魚はキラキラしてヒラヒラして、そして大好きな水の中にいるのです（水も大好きです）。細かくしてヒラヒラさせたいという衝動が湧き上がったのです。生き物を殺してしまったという理解はまだできない段階だと思います。まず、生き物が視界に入らないような環境づくりから始めることが必要です。

水遊び

　夏野さんの大好きな夏がやって来て水遊びをするようになりました。すると、不思議なことに花や土やグニャグニャした物を触ることが少なくなってきました。
　休み時間になると水道のところに行って水を出しています。
（水がもったいないなあ）
と思い、バケツに水をくんでみましたが、やっぱり水道の水に手を当てています。
　うれしそうに水を触る夏野さんを中庭に咲いているひまわりが笑って見ているようです。
　いつ水を止めていいのか、終わりがわからないのかもしれませんし、水の魅力に取り込まれてしまっているのかもしれません。
　そう思った私は、よごれたおもちゃの食器をカゴに入れて用意しました。夏野さんがしばらく水遊びをした頃に、そのカゴを横に置きました。最初の１個を私が洗い、それを見ていた夏野さんに２個目を渡して洗うように指差しで伝えました。
（どうするのかな？）
　そう思っていると、夏野さんは食器を洗い始めました。カゴの食器があと１個になります。私は最後の１個を洗い終わるのと同時に水道の水を止めてカゴを上からかぶせ、スケ

ジュールのカードを渡しました。
（どうする？）
　少し考えていたようですが、カードを持って、いつものようにスタスタとスケジュールを見に行く夏野さん。
（よかった）
　穏やかに水遊びを終えることができてホッとしました。
（しかし、本当によかったのかな？）
　解決策ばかりを考え、夏野さんの心の中の世界を見ようとしない私の不安は的中します。水遊びを食器洗いで終わりにするのはよいのですが、グニャグニャした物や土、花などへのこだわりは、すぐに出てきました。
　もっと水遊びを十分にやらせてあげたらよいのか、そうではないのか、彼女の生活全体がもっと楽になればこだわりは減るのか、改善すべき（と私が思っている）部分に注目しすぎなのか、夏野さんの心の声はどうやったら聞けるのだろうと思いました。

ひまわりからすると…

　夏だ！ あつい。大好きだけど、あつい。水にさわりたい。この感じ、何て言えばいいの？ 神様みたいな水。手を当てるとわたしは水になる。
　先生がバケツに水をくんでおいてくれた。でもちがうんだ。流れる水じゃないと神様には会えないの。わたしは流れる水になりたいんだ。
　うっとりしながら水に手を当てていると、先生がカゴに入ったおもちゃの食きを持ってきた。どうするのかな、と思っているとそのうちの1こを洗い始めた。そして2こ目をわたしにわたして水を指さしている。
（これをあらえってこと？）
　わたしはよごれた食きを水であらってきれいにした。先生がカゴの中の食きを指さしている。この食きを全部あらうの？
　次の食きをカゴから取り出してあらった。水が手に当たる感かくは同じなので、幸せな気分のままあらうことができた。
　さいごの1こをあらい終わったとき、先生が水を止めた。
（えっ？）
　さらにカゴがさかさまになって水道にかぶせられた。

（終わりってこと？）
　スケジュールカードをわたされた。やっぱり終わりなんだ。わたしは仕方なく、でもどこかホッとしてスケジュールを見に行くことにした。
　いつ終わればよいのかわかることですくわれた。同時に何かが心の中でうごめき出している。
（グニャグニャした物、土、花、ああさわりたい）
　近づけば自分が食べられてしまうのに、近づきたくなる。わたしの感かくがわたしをがんじがらめにする。どうしたらよいのだろう？　わたしはわたしがわからない。だれか、何とかして！

専門家から

　自閉症のある人の中には、感覚にとても敏感で、その感覚を楽しむことが好きな人が多くいます。ひまわりさんは、水の流れが手に当たる感覚と水が流れるときのキラキラ光る感覚が好きなのですね。

　ここで、先生が食器を洗うという方法を提案したのは良いことだと思います。「水遊びはいけません」という対応ではなく、「水を使ってもよいけど、このようにしてくれる？」という提案です。お互いの歩み寄りがみられるからです。指導する側から見ると水だけで遊ばれると困る場面もあります。子どもの側から見ると、こういう水との接し方もあるということを学ぶ機会にもなります。こだわり行動を生かす方法を考えられれば、それは、お手伝いへと発展し、感謝されたり、褒められたりする経験へとつながる可能性もあります。食器洗いは終わりもわかりやすい活動です。洗っていると食器がなくなっていくからです。最後の食器をかぶせて終わりが納得できたので、スケジュールの確認ができたのです。

　ここは、十分に水で遊べなかったとしても、終わりを示したことは重要だと思います。お互いが歩み寄ることが大切なのです。それは、理解の仕方、感じ方が違う者同士が関わる社会だからです。

　ただ、ここで忘れないでほしいことがあります。それは、「洗ってくれてありがとう」です。

お祭り

　学校では7月にお祭りが開かれます。ＰＴＡも参加しての大きなイベントです。学部ごとの出し物やお店でにぎわいます。食べ物のお店は、かき氷以外は衛生面の配慮で開店できなくなりました。

　中庭でのスーパーボールすくい、水でっぽうでの商品倒しや金魚すくいならぬオタマジャクシすくい、かき氷、くじ引き、カラオケ、プール開放など、たくさんのイベントがあります。体育館のステージでは、学部ごとに劇やダンス、合奏などの出し物を発表します。

　練習もそこそこに、お祭り当日を迎えました。イベントは自閉症の方にとっては見通しが立ちにくく、わからないことが多いので苦手なはずなのですが、夏野さんは違っていました。簡単な見通しを伝えるだけでしたが、落ちついてイベントに参加することができました。

　最後の「スケジュール」というカードは、教室にあるスケジュールボードに戻るという意味です。教室にもカードにかいてあるのと同じマークがスケジュールの所にあります。

　最初に校長先生の話です。「はなし」とした方がわかるのか「きく」とした方がわかるのかどちらが夏野さんにはわかるのかな、と思いました。

「みなさん、今日はいよいよお祭りですね。楽しくすごしま

しょう」
　はじめのうちは座っていましたが、やがてうろうろ立ち歩き始めました。「あとこれだけで終わり」ということがわからないのでしょう。どうしようかな、と思いましたが、仕方なく夏野さんの手を持って椅子に座ってもらいました。大きな声を出すかな、と思いましたが、おとなしく座ってくれたのでホッとしました。
（こんなことじゃダメだな）
　その場で反省しても手遅れなのです。自閉症への支援は「その場での支援」より「それまでの支援」の方が圧倒的に大切です。
「……気をつけることは以上です」
　夏野さんに甘えている自分を戒めました。もう一度立ち歩きそうになったところで、校長先生の話は終わりました。そして、「きく」のカードを夏野さんから受け取りました。
「ミーンミーンミーン」
（セミがすごいな。夏野さんにはどう聞こえているのかな）
　スーパーボールすくいは網を2つ見せて、2回やることを確認しました。すぐに破れてしまいましたが、ボールを2つもらってジッと見ています。うれしかったのでしょう。
「かき、かき氷」
　スケジュールを指さしながら言います。
「かき氷、食べようね」
　わたしが言うと、夏野さんが「食べようね」と同じように言います。

「食べようね」
　今度は夏野さんが言うので、私も同じように「食べようね」と言いました。券を渡して出すように指差して引き替えにかき氷をもらい、テーブルのところに持っていきました。
（ゆっくり食べたいんだな）
　おいしそうに食べる彼女は、まるで夏の妖精でした。
少したつと、頭を１回たたきました。食べては頭をたたいています。
（冷たいからかな？）
　それでも最後まで食べ終わると、容器をゴミ箱に捨てて言いました。
「プリキュア、好きだね」
「違う、違う。まだだよ。ほら。待つ」
　本当はステージでは、もう他学部の発表が始まっていましたが、そんなに長く見るのは難しいと判断していました。
　体育館に移動してもう一度カードを指差して言いました。
「待つ」
　納得したのかどうかわかりませんが、夏野さんは椅子に座りました。劇をしている最中です。しばらくジッと見ていましたが、やがて言いました。
「プリキュア、好きだね」
「待つ」
　私はカードを指差して言いました。
（早く終わってくれ！）

祈るような気持ちで夏野さんを見ると、また言います。
「プリキュア、好きだね」
(もうダメだ！これ以上待たせるとパニックになる！)
　そう判断した私は、「待つ」カードをボードからはがすように指示しました。やっと踊れる、とでも思ったのでしょう。夏野さんは、すぐに「待つ」カードを取りました。
「プリキュア、好きだね」
　私たちは立ち上がり、ステージの袖に向かいました。まだ劇は続いていましたが、クライマックスのようです。
(早く終わって！)
　私たちはステージの袖に着きました。と同時に大きな拍手が起きました。
　幕が下りてステージ袖に待機していた生徒たちが一斉に準備を始めます。次は合奏です。夏野さんの出番は、この次なのです。
　ザワザワしたステージ裏の雰囲気を感じているのか、夏野さんはおとなしく見ています。
　合奏が始まりました。夏野さんと一緒に踊るダンスチームが袖に入って来ます。
「これ、ひまわりちゃんの服」
　友だちの一人がプリキュアの服を持ってきてくれました。
「ありがとう」
　私はそう言うと、その服を夏野さんに渡しました。ところが、着ようとしません。

「プリキュアだよ」
　そう言ってもダメです。
（えー、ここまできて……）
　背中に汗がどっと噴き出すのを感じました。
「プリキュア、着ようね」
　夏野さんはその服を押し返します。みんな準備万端の状態です。
（もう時間がない！）
　合奏が終わり、幕が閉じられました。プリキュアの服を着たみんながステージに並びます。体操服のままの夏野さんにマイクを渡すと、ステージ中央に行きました。
（踊りをする気はあるんだ！）
　私は少しホッとするのと同時に思いました。
（この服、どうしよう！）
　ブザーが鳴り、幕が開きます。私はプリキュアの服を持ったまま夏野さんの横でしゃがんでいました。
（もう仕方がない！）
　曲が始まり、夏野さんを始めプリキュアのダンスガールズは踊り始めました。私もプリキュアの服を広げたまま、身体を左右に大きく動かしながら夏野さんの横で踊っていました。
（結構楽しいな！）
　汗だくの中でそう思いながら曲は終わりました。
（これが彼女の世界なんだ）
「外から見てるだけじゃダメよ」と夏野さんが教えてくれたように思えました。

ひまわりからすると…

　今日のスケジュールは、「あさのかい」の後が「お祭り」だ。わたしはお祭りが大好き。だって楽しいことばかりなんだもの。
「みなさん、〓▽⊆¢全#全お祭りK.K.≫％§∬¥∬¢⊆cc£cc£lくcc£」
　校長先生の話はさっぱりわからない。わかったのは「みなさん」と「お祭り」だけだ。いつになれば終わるのか不安になり、体が自然に歩き出した。すると手をつかまれていすにすわらされた。
（もう、何するの！）
　そう思ったけど、これから楽しいことがたくさんあるからがまんしよう。
「cc£cc％〓▽∬¢K.K.△全＄〓℃¥％▽¥％▽」
　わけのわからない話はまだ続いている。
（やっぱりもうダメ）
　わたしが立つと、話は終わった。
　わたしはいろいろな音をえらんで聞き分けることができにくい。どの音も同じ大きさで聞こえてくる。暑くなるといつも外で聞こえる音があるけど、それが何なのかわからない。
　「ボールすくい」はあみを２つ先生が見せてくれたので２回やるんだってわかった。水の中に入れると

すぐにやぶれてしまってすくえやしない。
（何なの、このあみ？）
　あっという間に2つとも使えなくなってしまったけれど、きれいなボールの入ったふくろをもらえてうれしかった。
（きれいなボール）
　そうだ、次はかき氷だ。
「かき、かき氷」
　そう言うと先生も言った。
「かき氷、食べようね」
（わかってくれている！）
　わたしは「食べようね」という言葉を知ったのでそのまま言った。
「食べようね」
　先生も言う。
「食べようね」
　けんをわたしてくれた。そのけんを出せばよいのね。わたしは先生のしじのままにすると、かき氷が出てきた。
（やったー！）
　わたしはだれにもじゃまされないようにテーブルの所に持っていった。前に大好きなかき氷を横取りされたことがあるんだ。
　一口食べると口の中が氷になった。
（おいしい～）

食べていると頭の中がキーンとして、思わずかた手でたたいてしまった。おいしいけど、キーン、キーン、キーン。何度もたたきながら、でも全部食べたので、入れ物をゴミ箱に捨てた。
（よーし、いよいよ次はプリキュアをおどる番だ！）
「プリキュア、好きだね」
　先生は「％§￥、％§￥、℃∇K.K.＄、¢仝、待つ」と言いながら「待つ」のカードを指さした。
（そうだ、「待つ」があったんだ）
　わたしたちは体育館に歩いていった。
「待つ」
　もう一度言うので、仕方なくいすに座った。
（いつまで待つんだろう？）
「プリキュア、好きだね」
　わたしは言った。でも先生は「待つ」のカードを指さして言う。
「待つ」
（わかってるけど、いつまで待つの？　もう、いいかげんにしてよ！）
「プリキュア、好きだね！」
　イライラが急にげんかいに近づいていた。
（もうイヤ！）と思ったとき、先生は「待つ」のカードをはがすように指さした。
（よかった。やっとおどれる！）
「プリキュア、好きだね」

そう言ってわたしたちは立ち上がり、おどりに行った。
　ステージのうらがわから見るけしきってかわってる。みんなザワザワ用意している。あまり好きな場所じゃないけど、おどらなくちゃ。わたしのマイクはどこかな？
「仝≫、ひまわり￠£K.K.＄％▽」
「ありがとう」
　先生はプリキュアの服をわたしにわたそうとした。
（えっ？何、何？そんなの聞いてないよ！）
　プリキュアは大好きだけど、いつもこんな服を着ておどっていないから、着ることはできない。
「プリキュア▽％」
（イヤよ、そんなの！）
「プリキュア、＄⊆＃K.K.」
　何と言われても着る気にはなれなかった。
　みんながステージに出ていく。そのとき、先生がマイクをわたしてくれた。
（これこれ！）
　わたしはステージの真ん中にあるフラフープのところに行った。先生もいっしょについてきた。曲がかかり、わたしはプリキュアになった。えがおでマイクをにぎりしめ、あせいっぱいの中でわたしは幸せだった。

専門家から

　スケジュールが理解できているひまわりさんは、そのスケジュールに沿って学校生活ができています。スケジュールがわかりやすく示されているということです。一方、校長先生の話などの音声だけで伝えられる話は、その内容がわからないことは多いと考えられます。「ピーチク、パーチク」と言われている感じですね。耳からの情報を処理するのが苦手なため、自閉症のある人の中には、ざわざわした場所が嫌いだという人も多くいます。また、ここでは、話がいつ終わるかわからないので立ち歩いてしまいました。

　終わりがわかることは重要ですね。誰でも、終わりがわからないと不安になります。ボールすくいも、かき氷も終わりがわかりやすい活動です。

　踊りの場面で服を着がえるのは難しかったと思います。突然、これで踊るといわれても、普段踊っているプリキュアとは違います。服が変わると、ひまわりさんが理解しているプリキュアの踊りではなくなってしまうのです。極端に言えば、「サッカーをバレリーナの服でしましょう」というような感じでしょうか。ここでの先生の対応はよかったと思います。服を着せようとしても無理です。先生が服にこだわらなかったのがよかったのです。

プールで大はしゃぎ！

　体育館での発表が汗まみれでとにかく終わり、ホッとする間もなく次はプールです。
「プール」
　そう言いながら水着に着がえましたが、入る前に体操や先生の話があります。少し遅れてくればよかったのですが、みんなと一緒に来てしまいました。フラフープを置いて、その中に座るように指差すと夏野さんはその中に座りました。
　先生の話は続きますが、夏野さんにはわかっていないと思います。わからないけど、座っている苦痛。立ってうろうろしても仕方ない状態です。
　せめていつ終わるのかわかれば少しは楽になるでしょうが、先生の話があとどのくらいで終わるのか誰にもわかりません。
　仕方なく10本の指を立てて夏野さんの前に示しました。そして、ゆっくりと数えながら指を折っていきます。
「いーち……にーい……」
　先生の話はまだ続きます。
（早く終わってくれ！）
「さーん……しーい……」
　とうとう10になってしまいましたが、話はまだ続いています。夏野さんは座っています。
（どう思っているんだろう？）

私をチラッと見ながらまだ座っています。

　ここで立ち上がりシャワーのところに行けばよかったのですが、座っている夏野さんに甘えてそのままにしていました。すると、次の瞬間「ワー！」という声と共に寝転んでしまいました。私は、あわてて、「シャワー」と言い、シャワーの方を指差しました。すると、今度はケロッとして起き上がりました。

（なんだ）

　パニックかどうかは、要求を受け入れて落ちつくかどうかで判断できます。落ちつくのであれば、それはパニックではなく、表出コミュニケーションの問題です。夏野さんは「いやだ」とか「早くプールに入らせて」という拒否や要求の伝え方を学べばよいのだろうと思いました。

　シャワーを浴びに行きましたが、シャワーがきらいな夏野さんは横においてあるじょうろで水を浴びます。私が頭から水をかけると、笑顔で喜んでいます。

　そして、やっとプールに入ることになりました。水はやや冷たいものの、夏野さんは大喜びです。みんなも入ってきましたが、水の中に潜ったり、ジャンプしたりしながら大はしゃぎです。

　そんな様子を見ていると、こちらまでうれしくなってしまいます。

「それっ！」

　水をかけると逃げてしまいました。

（やりすぎたかな？）
　少し後悔しながら、夏野さんやほかの子ども達と、私自身が楽しく過ごしました。同じ活動を共有することで子どもたちとつながります。それが楽しい活動のときにはそれぞれの距離感が近くなるチャンスでもあるように思います。
「カランカラン」
　ベルが鳴りました。一度水から上がって休憩する合図です。夏野さんはなかなか上がろうとしません。私がプールの隅に追い込んで行き、やっとプールサイドに上がることができました。
　夏野さんはニヤニヤしています。私は、何となく、からかわれているような、何かが通じたような、どこかうれしい不思議な気持ちになりました。
　プールサイドでフラフープの中に座る彼女の横で、私も同じように座っていました。私は、自分の肩を夏野さんにぶつけて言いました。
「ぼよよ～ん！」
　すると、夏野さんは倒れそうになりながらうれしそうに笑っています。
（しめた！）
　私は、もう一度同じことをくり返しました。
「ぼよよ～ん！」
　うれしそうによろける夏野さん。そうすると、今度は彼女の方から言いました。

「ぼ、ぼよよん」
（よっしゃ！）
　うれしくなって、私はまた「ぼよよ〜ん！」と言いながら大げさに肩をぶつけました。倒れそうになる夏野さんは右手をさっと私の方に出してきました。私はその手をしっかりと受け止めて支えました。
（よかった！）
　心からそう思った時に「カランカラン」とベルが鳴り、みんな一斉に水に入っていきました。

ひまわりからすると…

　次はプール。お祭りって楽しいことばかり。先生が丸い輪をおいてくれたからその中にすわった。でもわけのわからない話がつづいている。先生の指がパーになってわたしの目の前にあらわれた。
「いーち……にーい……」
　指が１本ずつおられてゆく。
（全部の指がおられたら終わりなんだ）
　わたしはじっと指がおれてゆくのを見ていた。
「きゅーう……じゅーう」
　先生の手がグーになった。
（あれ？）
（終わりじゃないの？　おかしいじゃない！）
「ワー！」
　ねころんだとたんに「シャワー」と言う声がして起き上がった。
（そうだよね、シャワーだよね）
　わたしは先生といっしょに歩いていった。
　シャワーは一度あびたけど、いたいからいや。今はぞうさんのじょうろでやさしい水をかけてくれるから大じょうぶ。
　水の中に入ると気持ちがよい。何だか体が心地よくしめつけられて軽くなったよう。体が自然にもぐ

り、ジャンプする。
　先生もうれしそう。
（あっ！もう！）
　水をかけられてわたしはにげていった。
「カランカラン」
　みんなプールから上がっている。わたしは上がりたくないけど、先生がわたしの方にやってくる。
（いや！やめて！こないで！）
　上がらなければならないのはわかっているけど……もうにげ場所がなくなり、仕方なく私はプールから上がった。
　フラフープの中ですわっていると、先生がとなりからおしてきた。
「ぼよよ～ん」
　わたしはたおれそうになりながらも楽しかった。
（もう１回やって、先生！）
　思いが通じたのか、また同じことをしてきた。
「ぼよよ～ん」
（あはは、楽しい！）
　もう１回やってほしいけど、どうしようかな。そうだ、言ってみよう。
（ぼ、ぼよよん）
　そう言うと、先生はさっきよりも強くおしてきた。
「ぼよよ～ん！」
　わたしはつい手をのばして先生をつかもうとした。

そのとき、大きな手がわたしの手をにぎり、たおれそうになるのを支えてくれた。
(ああ、おもしろかった!)

専門家から

　先にも述べましたが、自閉症のある人の多くは、水遊びが好きなようです。ですからプールなどの水を使った活動は大好きな人が多いです。
　話の内容は理解するのが難しいので、先生が終わりを指で数えていくようにしています。納得して座っていたひまわりさんですが、終わったと思ったのに次に移れないので拒否を示したのです。パニックと拒否の違いを先生は理解して対応しています。
　シャワーへの対応も感覚に配慮しています。シャワーが痛いと感じる自閉症の人も多くいます。じょうろを使ってシャワーの代わりにしています。これだと痛くありませんし、楽しい雰囲気でプールを始めることができます。先生がシャワーにこだわると、周囲に受け入れられない行動が顕在化する可能性があります。大切なのは、必要な支援と適切な指導です。「ぼよよ～ん」と言葉で遊ぶ場面です。「ぼよよ～ん」という音とそれに合わせてやってくる体に触れる感触、目の前には水、そしてキラキラ光る感覚。全てが合わさったその結果、楽しいやりとりになっていました。やりとりをすることはコミュニケーションの基本で大切です。ただ、注意しないといけないことは、身体接触を使ったやりとりでは実年齢を考えることです。

祭りのあと

　プールも終わり、教室のスケジュールに戻りました。お祭りは終わり、帰りの会も終わりました。
「今日は、みんなありがとう」
　そう言うと夏野さんが言いました。
「ありがと」
（あっ、すごい！）
　そう思い、もう一度、目を見て言いました。
「ありがとう」
　私の目を避けながら夏野さんも言います。
「ありがと」
　スクールバスの近くのプランターは無くなり、夏野さんが朝や帰りに土遊びをすることは無くなりました。
　スクールバスに乗り込んでシートベルトをしめる夏野さん。
「さよなら」
　ハイタッチをしてそう言うと彼女も言います。
「さよなら」
　バスの外に出るとギラギラする太陽の下で夏野さんに手を振りました。夏野さんも自分の方に手を向けて振ってくれています。私の方から見ると手の甲が見えます。
　バスが動きだしました。校門近くにある大きなひまわりがみんなを見送ります。私も黄色いバスが見えなくなるまで手

を振りました。
　夏野さんが観る世界、感じる世界、聞く世界、それは夏野さんがいるから存在する世界です。一人ひとり違う世界の切り取り方があるからこそ、みんな存在する意味があるのでしょう。私は、彼女と一緒にいることで、生きることの意味を教えてもらったのです。

「オーシンツクツクオーシンツクツク……」
　夏の終わりのセミが鳴き始めていました。

ひまわりからすると…

「スケジュール」のカードになり、お祭りは終わってしまった。もっとあってほしかったけど、すごーく楽しかった。プールから上がるときに泣いちゃったけど、今はもう大じょうぶ。
「今日K.K.＄¥％、ありがとう」
　私も言った。
「ありがと」
　先生が顔を近づけてまた言った。
「ありがとう」
（そんなに見ないでよ、先生！）
　そう思いながらもわたしは言った。
「ありがと」
　スクールバスに乗る。プランターはなくなったみたい。自分のざせきにすわってカバンをおろし、シートベルトをしめる。先生がハイタッチして言う。
「さようなら」
　わたしも先生の手にわたしの手を合わせて言った。
「さよなら」
　バスの外で先生が手をふっている。わたしも同じように手をふる。いつも「はんたい」と言われるがわからない。手のひらがわたしに見えるようにふっているだけなのに。

バスが動き出した。
わたしはひまわり、夏野ひまわり！

専門家から

　スケジュールで終わりを理解して納得し、学校から帰るひまわりさん。「さようなら」はエコラリアかもしれませんが、挨拶ですからそれは構わないと思います。手を振るとき、手のひらを自分のほうに向けてバイバイをしています。これは、相手から手を振られたときに相手の掌が見えるので、自分も同じに見えるように振るためです。このような動作をする自閉症のある子どもはよく見かけます。

　これまでのエピソードから先生はひまわりさんを通して、その人を受け入れるということの大切さを感じています。これは、多様性を受け入れて指導できる学校を考えていくうえで重要なことです。それは文化の違いを受け入れるということだと思います。理解の仕方、感じ方、伝え方等ですれ違いが起こるのは、文化の違いと考えた方がよいと思うのです。お互いの文化の違いを大切にしながら歩み寄ることが大切なのです。

　といっても、何もしないのではありません。自閉症のある人たちが納得して生活することができるように、様々な考え方やスキルを獲得できるように指導していくことが大切なのです。生まれてきてよかったと感じることができるような、子どもたちを育てていきたいと思うのです。

自分の"ものさし"だけでわかったつもりにならないこと

成沢 真介

　いわゆる「障がい」のある子どもたちと一緒にいると、「生きる」ということについて考えざるを得ません。現場にいる時は何かを教えることも大切ですが、一緒にいるその子らしさを味わわせてもらえる幸せを実感します。

　自閉症の子は特徴的な動きをすることがあります。ピョンピョンはねる、クルクル回る、手をヒラヒラさせる、突然走り出す、ニヤニヤ笑う……。

　人は誰もが皆、心が身体を支配している時もあれば、身体が心を支配している時もあります。トイレに行きたくて我慢している時、おなかが空いてしょうがない時などは両者のせめぎ合いです。ガーランドという自閉症の方が、「私はトイレに行かなければいけないというのを感じることができないため、いつ行くべきか、常に頭で考えて計算しなくてはならなかった。」(Garland 1996)とおっしゃっています。我々が当たり前と感じていることが、自閉症の人には当たり前ではないことがあります。

　また、こだわりが出ている子どもたちを見ていると、何かに取りつかれたように没頭していることがあります。「好き過ぎることは本人も苦しいんだろうな」と思います。お盆をきちんと並べることにこだわりのある子と食堂に行った時のことです（うちでは皆で一緒に食堂で給食を食べます）。給食がかなり遅れてみんな空腹でした。両手を合わせて「いただきます」をした後、その子は配膳台に行ってお盆の乱れを直し、みんながほぼ食べ終わってから給食を口にしました。これだけ空腹の状態で、食べるという欲求よりもこだわりを優先させる姿に、この子にとってのこだわりは、「私が思っている以上に意味のあることなんだろうな」

と思わずにはいられませんでした。「常道行動やこだわりは、彼らにとって生死に関わる重要な意味を持つ可能性がある。……常道行動を通じて彼らは閉じているのではなくて、世界へと開かれている」（村上靖彦著『自閉症の現象学』勁草書房刊、2008 年）のかもしれません。

　アドラーも言ったように、変化を嫌がる子もよくいますが、人はみな自分を変えることを心の底で拒んでいるので、自分の都合の良いように環境を解釈します。「自分の当たり前が、当たり前ではないかもしれない」と考えるのには勇気がいるのです。「性格がなかなか変えられないのと同じように、この子は同一性を保持したいのかなあ」と思うことがあります。自閉症の子どもたちは、人の中にある根源的な何かをわかりやすい形で表現してくれているのではないでしょうか。

　自閉症と一口に言っても一人ひとりみんな違います。自分の意思を強烈に発信する子もいれば、おとなしい子もいます。感覚過敏がひどい子もいれば、そうでもない子もいる。それは、算数が得意な子もいれば苦手な子もいるのと同じです。音楽が得意な子がいれば不得意な子もいる。音楽の中でも歌は好きだけど楽器演奏は嫌いという子、その反対の子など、いろいろな子がいます。

　自閉症だからみんなこうだ、とは言えません。そのことを大切にした上で、自閉症の特性を理解する必要があります。一つだけ言えるのは、周囲から見て困った行動をしているのは、わざと困らせようとしてやっているわけではない、ということです。なぜそのような行動をとるのか、その理由を知ることが大切であり、その時に役に立つのが特性の理解です。

　もっと身近に自閉症の子どもたちがいれば理解もすすむのでしょうが、特別支援学級や特別支援学校に在籍する場合が多いため、普通学級の子どもたちにとってわかりにくい存在になっています。様々な合理的配慮により、もっと身近にいろんな友だちが

いる世の中になるといいな、と思います。

　小学生が通う「小学校」、中学生が通う「中学校」、高校生が通う「高校」、では「特別支援学校」とは誰が通う学校なのでしょう？「特別支援学生」という子どもはいません。学校の名称の難しさは「障がい」とは何か、という難しさと関係しています。「障がい」とは関係性の中にあるからです。

　ひまわりさんに限らず、人はみんな人との関係性の中で生きています。ある重度の自閉症の生徒は、友だちとの関係性の中で気持ちを調整したり、友だちと一緒にいることで安心したりすることができています。みんなの中にいることがうれしいのでしょう。その生徒に関わる友だちも増え、気持ちが通じる場面も増えました。特別支援学校の教師には子どもと子どもの間を仲立ちする役目もあります。集団の中にいてつらい時には個別のブースに自分から行きます。みんなと一緒にいることが「うれしい」と同時に「つらい」、そんな苦しさを抱えているのでしょう。合理的配慮は、そこのところを慎重に考える必要があります。「障がい」のある児童生徒はいつも支援される対象になりがちです。この本の中には出てきませんでしたが、子どもは子どもから教わり、教える、そんな場面も必要です。同年齢の子どもたち同士の関係には、はかり知れない力があるのです。

　ひまわりさんは泣いたり叫んだり、いろいろな表現をしますが、そのような行動には意味があります。その意味がわかれば接し方はおのずと決まってきますが、わからないのに、「こうに違いない」と思い込んで接すると失敗します。いつも「わからない」と思っているくらいがちょうどいいし、そのためには接する側の想像力が大切です。正解を求め過ぎず心を柔らかく持ち、自分の"ものさし"を疑うしなやかさを忘れないことです。「『わかる』ときというのは、『私の定規』によってむりやりおさえつけたものだけが『わかる』ことである以上、『私の定規』によって『黙らせ

られたもの』『傷つけられたもの』『こぼれ落ちるもの』が必ず存在するということです。決して『ありのまま』が『わかる』ということではない」（藤本一司著『倫理学への助走』北樹出版刊、2008年）からです。

　目の前にいる本人を決してわかることはできませんが、わかろうとする努力を放棄しないこと。特性理解もその一つですが、その"ものさし"だけでわかったつもりにならないこと。生きるとはどういうことか、という根源的な問いから「障がい」のある子どもたちに学ぼうとすること、そんなことを思っています。

自閉症Q＆A

自閉症の行動特徴について教えてください。

 次のような特徴があるといわれています。

・対人関係での違い

例えば、視線を合わせる、相手の気持ちや周囲の状況を察する、楽しみを友達と分かち合うなど、対人関係を広げることが困難です。人に無関心のように見えたり、積極的に関わりすぎたりするのもそのためです。

・コミュニケーションする時の違い

話し言葉は見えないので自閉症の人にとってはわかりにくい場合が多いようです。同じ言葉を繰り返す、相手の手を使って何かさせようとする（クレーン現象）、言葉が話せても意味が正確にわかっていない、場面に合った言葉が出てこない、話しかけられたことに合った返事ができないなど、コミュニケーションがうまくとれません。

・変わった行動をすることがある

特定の物（例えば水や回る物、記号など）にこだわったり、同じ道を通る、同じ服を着るなど、同一性を保持したがったりすることがあります。ピョンピョン跳びはねる、手をヒラヒラさせる、クルクル回るなどの常同行動がある場合もあります。

その他、多動（動き回る）や感覚の異常、極端な偏食などもあります。シャワーが肌に当たるのが痛いと感じられたり、突然の大きな音やある特定の音が嫌で耳をふさいだりすることがあります。味覚や嗅覚の異常からキュウリがゴムのように感じられたり、

ご飯が砂をかむように感じられたりするのかも知れません。特定の感触を嫌がったり、自分で止められないほど好きになったりするのも感覚異常やこだわりのためです。思春期からは、こだわり、自傷行為、他害などが問題になることもあります。

知的な遅れやてんかん、注意欠陥多動症（ＡＤＨＤ）や学習障害（ＬＤ、ＤＳＭ－５ではＳＬＤ）などのほか、二次障害として、うつ病や統合失調症などの精神疾患的な症状を合併することもあります。

これは一般的な特徴で、一人ひとり現れる症状は異なります。その人の特徴を知るようにすることが大切です。自閉症である前に一人の人間であることに思いをはせることです。自閉症は親の育て方や環境によって引き起こされるものではありません。

（成沢）

Q2 あまり特別視してもいけないと思いますが、気をつけないといけないことがあれば教えてください。

A2 変わった行動にも本人なりの意味がある、ということはわかっておく必要があります。気をつけながら関わろうとする、その気持ちが大切です。

　一般的には、感覚異常があるかもしれないので身体には触らないようにしますが、ハグされるのが好きな自閉症の方もいます。また突然大きな声で話しかけるのはよくないでしょう。話し言葉は目に見えないのでわかりにくいのです。文字や絵にするとわかりやすくなると思います。

　言葉で話す時も、本人の方をしっかり向いて単語で話すとか、ゆっくり話す方が伝わりやすいと思います。自分の話している内容が絵にできるかどうか、ということを意識してみるとよいかもしれません。その方に合わせて、どういう伝え方だったらわかるのか、ということを理解しておくことが大切です。

　そして否定しないこと。誰でもそうですが否定されるとかたくなになりがちです。「ダメ」と言わないことも大切です。どうすればよいかを肯定的に伝えましょう。例えば、廊下は「走らない」ではなくて「歩く」と伝えます。そして、良いところはしっかりほめましょう。ほめ方も本人にわかるようなほめ方で。

　一人ひとり異なるので、本人のことをよく知っている保護者などに気をつけることを聞いておくのがよいと思います。

（成沢）

Q3 慣れていない場所の場合や、急にパニックになった場合、親や、引率者、よくわかっている方以外の周りの人に、何かお手伝いできることはありますか？下手にお手伝いしない方がよいのでしょうか。

A3 どうしたらよいかわからない時には、無理に関わろうとしない方がよいと思います。安全確保に努めて、そっとして落ち着くのを待ちましょう。何とかしようと無理に関わるとパニックを助長させてしまう恐れがあります。

パニックになるのには理由があります。いくつもの指示を出された、大きな声で怒られた、こだわりを止められた……、いつ終わるのか・何を求められているのか・これから何があるのか「わからない」ということは誰でも不安ですが、自閉症のある人には尚更です。できるだけその不安を取り除けるように、本人がわかる方法で提示してあげることです。また、要求されている内容が難しい場合や嫌なことだった場合、「いやだ」「やめて」と伝えることができなければ、本人は行動で示すほかありません。

この人は信頼できる人だ、という人間関係ができていることや、これがあれば落ち着く（例えば、お茶を一口飲む、音楽を聴く、割り箸を折る、お守りを握りしめる、ほかの部屋に行く等々）、というものがあると、困った時やパニックになりそうな時、助けになるでしょう。泳げない人が海に放り出された時、浮き輪があれば助かるのと同じです。

（成沢）

Q4 一般の保護者ですが、自閉症の子どもやその保護者への接し方に、アドバイスをお願いします。

A4 自閉症のあるお子さんは、一人ひとりみんな違うので、その子がどのくらいわかるのかによりますが、言葉だけではなく、絵や文字を使うとわかりやすいと思います。言葉もなるべく短い単語で話し、肯定的な言い方をするのがよいでしょう。一度にたくさんのことを伝えずに、一つずつ伝えるようにします。こだわりが強い子や感覚異常のある子もいます。よくわからない本人の心の中に、土足で踏み込むようなことはしないという覚悟の上で普通に接することです。その中で何が気に入らなかったのか、考えたり話し合ったりするとよいでしょう。

　自閉症のあるお子さんを持つ保護者への特別な接し方があるわけではありません。誰でもそうですが、あたたかい気持ちで接してもらうとうれしいものです。ただ、これまで、そして現在も大変な状況を乗り越えてこられた可能性があることを頭に入れておきましょう。人には言えないような苦しみを乗り越えてこられた方であること、そのことに対する尊敬や、自分にできることがあれば協力するという気持ちがあれば、こう接するのがよいということは特に意識する必要はないと思います。

（成沢）

Q5 都道府県で対応してくれる機関・団体はありますか？

A5

大きな団体としては、一般社団法人日本自閉症協会があります（http://www.autism.or.jp/）。すべての都道府県に支部がありますので、住んでいる県の自閉症協会の支部で対応してもらえると思います。電話相談、面接相談による相談事業も実施しています。必要に応じて、ホームページで確認をしてください。

また、各県には発達障害者支援センターがあります。発達障害者支援センターは、発達障害児（者）への支援を総合的に行うことを目的とした専門的機関です。都道府県・指定都市自ら、または、都道府県知事等が指定した社会福祉法人、特定非営利活動法人等が運営しています。発達障害児（者）とその家族が豊かな地域生活を送れるように、保健、医療、福祉、教育、労働などの関係機関と連携し、地域における総合的な支援ネットワークを構築しながら、発達障害児（者）とその家族からのさまざまな相談に応じ、指導と助言を行っています。

詳しくは、地域の発達障害情報・支援センターに確認してください（http://www.rehab.go.jp/ddis/）。

その他にも、特別支援学校等が地域のセンター的機能を担っていますし、各都道府県の教育センター等でも相談を受ける窓口があります。地域の教育委員会、福祉事務所等を確認してください。

（坂井）

Q6 どのような職業が向いているのでしょうか？

A6 職業については、この職業についている人が多いということは統計的にはないと思います。しかし、職種としてはサービス業よりも物を作ったり、パソコンに入力したりするような職種の方が向いていると思います。能力に凸凹がありますので、凸の部分を生かした職種を選ぶのがよいと思います。能力の高い場合は研究者なども職種の選択肢となります。バランスよく能力を求められる幼稚園や小学校の先生、保育士などは向かない人も多くいると思います。

　就職に関しては先にも述べた発達障害情報・支援センターや、地域の障害者職業センターなどに相談に行くとよいと思います。そこでは就労支援の専門家が職探しから就職までの相談に乗ってくれます。今後は、通称、障害者差別解消法の施行に伴い、合理的配慮が行われるようになります。どのような配慮を受ければ、仕事を遂行することができるかということが一つのカギになります。必要な支援が何なのかを在学中から考えて、具体的な配慮を受けながらの社会参加を検討するのがよいと思います。

（坂井）

Q7 自閉症は病気でしょうか？

　　自閉症はDSM-5の日本語版では「自閉スペクトラム症」という名称になりましたが（p.6参照）、自閉スペクトラム症は、コミュニケーションの発達的な偏り、社会性の発達的な偏り、イマジネーションの発達的な偏りにより診断されます。発達的な偏りがあるということですから、病気ということにはならないと思います。一方でそれは障害なのかと問われると、どこからが正常で、どこからが自閉スペクトラム症なのかということは、はっきりと明確な線引きができるものでもないのです。では、なぜ診断がつくのかという問題です。はっきりとした線引きはできないのでスペクトラム（連続体）という概念が用いられているのですが、診断が必要なのは、本人と保護者が問題を感じていて支援が必要な場合です。ですから、必要な支援を行うことは言うまでもありません。私は、障害は社会がつくり出す環境によるところが大きいと考えています。それは、WHOが2002年に公表したICF（国際生活機能分類-国際障害分類改訂版-）の考え方とも同じです。社会に参加できない状態や活動できない状態を障害と考えた方がよいと思うのです。自閉スペクトラム症という診断があってもなくても、参加や活動ができるように環境を整えることが重要なのであって、その人の問題として考えない方がよいということです。

　原因としては、遺伝的な要因と環境的な要因の2つだと考えられます。環境要因としては、低体重児の場合や、親の高齢化の影響もあるという論文が出ています。遺伝的な要因からは、一卵性

双生児の場合一致率が50％〜80％となっているので、かなり遺伝性は強いと考えられています。男女比も研究者によっては男性に多いと発表している人もいます。

　特異な能力をもっている人もいますが、どの人も特異な能力をもっているのかというと、そのようなことはありません。ただ、個人の中における凸凹が大きいということは言えると思います。

（坂井）

Q8 自閉症は薬で治りますか？

A8 先にも述べたように、自閉症のある人には、発達的な偏りがあるため、それらを薬で治そうとしても治癒することはありません。ただ、二次的な障害として鬱などの症状がある場合には、心療内科で処方された薬が効果的な場合があります。とはいえ、効果があるのは二次的なものについてであって、自閉症そのものに効くものではありません。

発達的な偏りですから、生まれながらにもっている気質と考えるのがよいと思います。気質ですから治ることはありません。治す必要もないと思います。

自閉症のある人の負の特徴が顕在化するのは、周囲の支援が不十分なときです。周囲が必要な支援ができていれば、個性の範囲内に入るものになると考えています。

教育や療育などの場面で必要な支援で重要なことは、構造化※した環境をつくることです。構造化された環境で指導をすること、共感的に関わることと、肯定的に関わること、視覚的な情報を使うことが効果的であることがわかっています。

「自閉スペクトラム症」（p.91 参照）といわれているように、スペクトラムなので連続体と考えるのが一番合理的です。どこからが自閉症で、どこからが正常なのかは重なっているからわからないということです。

（坂井）

※構造化…周囲の環境の意味を視覚化するなどしてわかりやすく整理し伝えること。

Q9 思春期の当事者たちのコミュニケーションの場はありますか？

A9 先に述べたように、地域にある発達障害情報・支援センター（p.89 参照）などが、当事者同士の活動の場を設定しています。また、地域にある、若者サポートステーション、障害者職業センターなども、当事者同士の活動の場を設定している場合があります。また、自閉症の当事者の人が主催している NPO などもあります。NPO などは、学習会などを企画しているところもあります。そのような学習会の場に出ていくことで、同じようなことで悩んでいる人と出会い、友人関係を築ける場合もあるでしょう。また、身近にいる支援者に出会うこともできるかもしれません。

　情報は探せば見つかります。積極的に情報に触れるようにすることが大切だと思います。

（坂井）

自閉症のある人とやりとりするために

坂井 聡

　自閉症のある人とやりとりを楽しむためには、コミュニケーションに困っていない人が合わせること、社会性に困っていない人が合わせること、そして想像できる人がイマジネーションを発揮して想像することが重要です。そうでないならば、自閉症のある人から見たら、「私たちと、コミュニケーションできないのは、相手にコミュニケーション障害があるからではないか」「私たちと関われないのは、相手の社会性に障害があるからではないか」「私たちの気持ちを想像できないのは、相手のイマジネーション能力に障害があるからではないか」と見られても仕方がないのではないかと思います。自閉症のある人たちに関わる人たちが、そのように見られてはならないと思います。まず、相手のことを理解することから始めなければならないのではないでしょうか。

　自閉症のある人のことを知るうえで最も重要なことは、自閉症のある人たちは、「一般」と呼ばれている人たちとは、同じような経験をしてきていないということを意識することから始めることです。例えば、学校等で生活年齢相当の社会生活能力を必要とされる集団生活に適応することを求められたとき、自閉症のある人たちが、独特の感じ方、表現の仕方、理解の仕方で行動した結果、それが周囲に理解されずに傷ついたという経験を何度も繰り返していると考えられるからです。そして、そのとき、受け入れられなかった理由が理解できないために、同じような場面で行動修正できず、また同じ経験を繰り返しているということです。

　多くの場合、周囲の人に受け入れられないような行動があると、注意されたり、叱られたりします。そして、どこを修正すればよいのかに気づくので、行動を修正します。しかし、どこに原因が

あるのかわからない場合には、注意されたり、叱られたりするだけでは、行動を修正することができません。それは、何を注意されたのか、なぜ叱られたのかがわからないからです。ここで重要なのは、周囲の大人がその人が何が言いたくてそのような行動になったのかを想像することです。何が言いたかったのかがわかれば、そのときの適切な行動の方法を獲得できるように指導することができるからです。「一般」と呼ばれている人が、人とのかかわりの中で、自然に身につけてきた行動についても、学習の場を設定することが大切なのです。ただ、典型的な場面については、学習の場を設定し、対応方法について教えていくことはできるでしょうが、社会生活の場面は無限にあるので、そのすべてを学習することは不可能です。それゆえに、その人を理解して関わる周囲の環境が求められるのです。

　ひまわりさんの場合で考えてみると、これまでのエピソードからわかるように、ひまわりさんの苦手なことが顕在化している場面は、必要な支援がなされていないときだと考えることができます。ひまわりさんの実態に応じた環境設定がなされていなかったときに、トラブルが発生していたと考えられるのです。環境が整っていたときは、大きなトラブルになっていないこともわかります。つまり、必要な支援が整っていない環境では苦手なことが顕在化し、必要な支援が整っていたときには、個性の範囲内で学校生活が送れているということなのです。

　ここに、自閉症のある人と楽しくやりとりするためのヒントが隠されています。「必要な支援を行い、苦手なことが顕在化しないような心理的に安定した状況をつくってやりとりをする」ということです。そのためには、わかるように伝える工夫をする必要があるでしょう。周囲の環境がわかりやすいことに加え、周囲の人がわかりやすく伝えることができれば、学校が安心して生活できる空間になるでしょう。そのための環境づくりをしていくこと

が重要なのです。もう一つは、わかるように伝えられるように、その方法を学習してもらうことです。周囲の人に受け入れられないような方法で表現するのではなくて、このような方法で表現すれば伝わるよと指導していくことです。このようなことができるようになれば、お互いが意味あるやりとりをすることができるようになるのではないかと思います。

　やりとりをすることは、便利で、楽しくて面白いものということを自閉症のある人にも知ってもらいたいと思います。「社会性」と「コミュニケーション」と「イマジネーション」に発達的な偏りのある気質を持った人たちなのです。その気質を否定するのではなく認めて関わることができるように、意識することが大切です。2016年4月、障害者差別解消法が施行され、合理的配慮が法律で規定されます。自閉症のある人の社会参加を妨げるものが身近にあるのならば、まずそこから取り除いていくことが求められるのではないかと思います。そのためには、まず、やりとりができるように、環境側にいる人たちから変わる必要があるのです。これを機会に少し考えてみることが大切ではないでしょうか。

あとがき

　ひまわりさんの学校でのエピソードを読みながら、同じようなことを現場で経験したことがあるなーと感じています。私も特別支援学校の教員として約20年間子どもたちと関わってきたからです。
　私が自閉症のある人とのやりとりについて深く考えるようになったのは、研究授業の失敗によるものでした。子どもの実態に応じた教材を準備して臨んだ研究授業だったのですが、授業中に立ち歩く自閉症のあるAくんに座ることを求め、そこで、おしっこを失敗させてしまったのです。もちろん、授業にはなりませんでした。
　そのとき感じたことは、いくら素晴らしい教材を用意したとしても、子どもと意味があるやりとりができなければ、何の役にも立たないということです。Aくんは、トイレに行きたいことを表現していたのです。しかし、私は授業中に立ち歩くことはおかしなことだと考えて、椅子に座って授業に参加することを求めたのです。当然、失敗するでしょう。そのとき、Aくんにはつらい思いをさせてしまったと時々思い出しては、反省しています。
　本書ではひまわりさんのエピソードを通して、自閉症のある人の特徴的な感じ方、表現の仕方、理解の仕方が描かれています。そこには、自閉症のある子どもの行動を見直すためのヒントがちりばめられています。これらのエピソードから理解することが、明日からの新しい関わりのスタートになるのではないかと思います。子どもと関わることが楽しみになる人もいるのではないでしょうか。
　自閉症のある人の講演会に参加した際のことです。質問の時間

に、会場から保護者の方が次のように問いかけました。「私のところには重度の知的障害のある自閉症の子どもがいます。ぜひ、エールをお願いします」。そのとき、講演者の方が次のように言ったのです。「あなたは、あなたのままでよいはずなのだけれどね」。私はこのことばに自分のこれまでの取り組みが不十分であることを感じました。自分一人だけで自閉症のある子どもの指導に取り組んでも不十分で、社会を変えるような取り組みをしていかなければならないということです。その方は「あなたはあなたのままでよい」とは言わなかったからです。「あなたはあなたでよいはずなのに、社会が受け入れていないよね」ということを表現されていたのです。障害は子どもを取り巻く社会がつくり出しているということを改めて感じた出来事でした。

　この世に生を受けてきた子どもたちが、どの子も「生まれてきてよかった」と言ってもらえるような社会をつくりたいと思います。その一歩が本書にも表れていると思うのです。

　本書を読んでひまわりさんのエピソードから「ある、ある」と感じたあなた、あなたが社会を変えていく一人であることを忘れてはなりません。

坂井　聡

【著者紹介】

成沢　真介（なりさわしんすけ）

1962年生まれ。中央大学文学部卒業、兵庫教育大学大学院学校教育研究科博士課程修了。特別支援学校教諭。日本児童文学者協会にて丘修三氏より児童文学を学ぶ。文部科学大臣表彰、日本支援教育実践学会研究奨励賞、兵庫教育大学奨励賞を受賞。著書に『自閉症・ＡＤＨＤの友だち』（文研出版）、『自閉症児さとしの一日』（大月書店）、『虹の生徒たち』（講談社）、『気になる子どもが分かる発達障害支援ガイド』（学苑社）などがある。

坂井　聡（さかいさとし）

香川大学教育学部教授(特別支援教育)。障害児の教育方法、障害児のコミュニケーション指導が専門。1985年4月より香川県立高松養護学校等香川県の特別支援学校の教諭、国立大学法人香川大学教育学部助教授等を経て、2013年4月から現職。自閉症スペクトラム支援士エキスパート、特別支援教育士スーパーバイザー、言語聴覚士。日本自閉症スペクトラム学会、日本特殊教育学会、日本小児精神神経学会、日本ＬＤ学会などに所属。IAUDアウォード2014金賞ほか、障害児のための学習アプリなどで受賞多数。著書に『自閉症スペクトラムなど発達障害がある人とのコミュニケーションのための10のコツ』、『自閉症や知的障害をもつ人とのコミュニケーションのための10のアイデア』（エンパワメント研究所）ほか。

自閉症ガールひまわりさんの日常 ―彼女に見えている世界―

2016年5月30日　初版第1刷発行
　　　　　　著　　者　成沢　真介
　　　　　　監 著 者　坂井　聡
　　　　　　発 行 人　松本　恒
　　　　　　発 行 所　株式会社 少年写真新聞社
　　　　　　　　　　　〒102-8232　東京都千代田区九段南4-7-16
　　　　　　　　　　　市ヶ谷KTビルⅠ
　　　　　　　　　　　TEL 03-3264-2624　FAX 03-5276-7785
　　　　　　　　　　　URL http://www.schoolpress.co.jp/
　　　　　　印 刷 所　大日本印刷株式会社
　　　　　　　　　　　©Shinsuke Narisawa, Satoshi Sakai 2016 Printed in Japan
　　　　　　　　　　　ISBN978-4-87981-565-1　C0037

スタッフ／編集：東 由香　DTP：金子 恵美　校正：石井 理抄子　イラスト：池田 蔵人　編集長：野本 雅央

本書を無断で複写・複製・転載・デジタルデータ化することを禁じます。
乱丁・落丁本はお取り替えいたします。定価はカバーに表示してあります。